AF586583

EDMOND LAROCHE

LE MARIAGE

D'UN

LIBRE PENSEUR

Paris. — Imp. PH. HÉRAULT et Cie, 104, r. Lafayette.

EDMOND LAROCHE

LE MARIAGE

D'UN

LIBRE PENSEUR

Drame en quatre Actes en prose

PAR

Pierre ADÉ

PARIS

IMPRIMERIE Ph. HÉRAULT ET Cie

194, RUE DE LAFAYETTE, 194

1881

A MM. les Critiques

Et MM. les Directeurs de Théâtres.

—:—

Je n'ai fait imprimer mon drame — à quelques exemplaires — qu'afin de vous l'adresser.

Je vous le soumets.

Si vous estimez que le théâtre est un terrain neutre où toutes les thèses philosophiques ont le droit de se soutenir, à la condition de revêtir la forme dramatique, je vous prie de le lire.

La pièce est hardie, mais j'affirme que c'est une œuvre consciencieuse. Je n'ai pas poussé à la haine, ce qui serait faire une chose impie. J'ai voulu, au contraire, recommander la tolérance.

Tout délicat qu'il est, le sujet m'a tenté. Même après *Daniel Rochat*, le libre-penseur me paraissait à faire, je l'ai entrepris.

Que vaut l'œuvre ? Elle est entre vos mains, vous prononcerez.

Si le drame est manqué je rentrerai dans mon trou. Mais si j'avais, à peu près, réussi ce que j'ai tenté, ne trouverais-je pas l'appui sympathique de la Presse et un Directeur pour jouer *Le Mariage d'un libre-penseur* ?

Pierre ADÉ.

Juin 1881.

PERSONNAGES

M. ALGRAND, bourgeois de Poitiers.
Mme ALGRAND, sa femme.
MADELEINE, leur fille.
CHARLES, leur fils, licencié en droit.
Edmond LAROCHE, jeune avocat, libre-penseur.
Victor BRUNET, son ami, libre-penseur.
Mme LAROCHE, mère.
Le Père CAVET, moine habillé en laïque.
JOSÉPHINE, jeune domestique.
MARIE, autre domestique, plus âgée.

L'ACTION SE PASSE EN SUISSE OÙ LA FAMILLE ALGRAND EST EN VILLÉGIATURE (ÉTÉ DE 1880).

EDMOND LAROCHE

LE MARIAGE

D'UN

LIBRE PENSEUR

ACTE I.

Un jardin formant terrasse à gauche, et au pied de laquelle un chemin est censé passer : dans le fond, maison de campagne. On aperçoit le lac de Lausanne.

Scène I.

MADELEINE et CHARLES ALGRAND.

CHARLES. — Où donc allez-vous tous les matins, ma mère et toi ?

MADELEINE. — A la chapelle de Sainte-Anne. Nous faisons une neuvaine (*le jeune homme sourit*). Moqueur ! un ancien élève des Jésuites !

CHARLES. — A propos de quoi cette neuvaine ?

MADELEINE. — Maman ne me l'a pas dit. C'est quelque chose qu'elle veut obtenir par l'intercession de sainte Anne. Est-ce que vous ne faisiez pas de neuvaines à Saint-Acheul ?

CHARLES. — Du tout.

MADELEINE. — J'aurais cru le contraire.

Charles. — Tu ne connais pas les Jésuites, ma sœur, et tu avais une idée fausse de la vie qu'on mène chez eux. Si les élèves devaient toujours être à la chapelle, leur nombre serait moins grand. Les Jésuites s'ingénient à ce qu'on se plaise dans leur maison. On y joue autant qu'ailleurs et l'on n'y prie guère plus qu'au lycée. Seulement les offices sont splendides, ce a frappe l'imagination et il en reste quelque chose plus tard. Il n'y a qu'une tache chez les jésuites : c'est qu'on ne peut s'y faire d'amis.

Madeleine. — Comment cela?

Charles. — Il est défendu à deux élèves de causer ensemble, il faut être au moins trois, et encore ne pas aller avec les mêmes. La règle est formelle : *nunquam duo*, jamais deux. Si, un instant, vous restez deux, un professeur vient vous inviter à vous mêler aux autres. On ne doit être l'ami de personne.

Madeleine. — Tu ne m'avais jamais parlé de cela,

Charles. — C'est que l'occasion ne s'en était pas offerte.

Madeleine. — Ce n'est pas bien.

Charles. — Non, c'est mal. Mais comme la société rachète bien cela! Quels hommes habiles! ne s'aventurant jamais, sachant où ils vont, ce qu'ils veulent et ne reculant devant rien, une fois leur résolution prise. Ils possèdent, avec cela, l'art de ne pas se montrer, lorsqu'il est utile qu'on ne les voie pas. Tu vas juger si ce sont des politiques consommés : La Restauration avait exigé des billets de confession de ses fonctionnaires...

Madeleine. — Vraiment!

Charles. — Le billet de confession était un moyen

primitif et qui décelait trop son origine. Cette fois les Jésuites voulurent ne pas montrer leur main. Ils réussirent admirablement. Pendant vingt-cinq ans — sous l'Empire et jusqu'à ces dernières années — ils ont conduit la Société comme Guignol ses Polichinelles. Ils nommaient aux emplois et avançaient qui bon leur semblait. On ne pouvait rien être que par eux. Les fonctionnaires allant à l'église avaient le soin de se faire voir, et s'il arrivait que l'un d'eux affectât de ne pas y aller, ou il pourrissait dans son emploi ou on le déplaçait jusqu'à ce que le dégoût le forçât à démissionner. Les élèves des congréganistes pouvaient prétendre à tout : armée, magistrature, administration, tout leur était ouvert. Et il fallait, vraiment, être un crétin pour ne pas faire son chemin. Si les Jésuites ont perdu de leur influence politique, ils ont encore la main un peu partout. Toujours ils dirigeront les classes riches. A toi — il n'y a pas d'inconvénient à le dire — regarde ce qui se passe chez nous : Mon père, par habitude, laisse faire ; mais ma mere ne dérangerait pas un meuble, sans avoir consulte le père Cavet. Elle n'a pas eu une seule domestique qui ne lui ait été donnée par le révérend. Combien de maisons qui ressemblent à la nôtre !

Madeleine. — Joséphine n'a pas été recommandée par le père Cavet.

Charles. — C'est la seule, et parce que nous sommes en voyage, en Suisse, et que le père Cavet n'y est pas.

Madeleine. — Tu ne sais pas que maman voulait que je me confessasse, comme elle, chaque semaine. « Mère chérie, ai-je répondu, je t'assure que je n'aurai absolument rien à dire tous les huit jours. » J'y vais une fois par quinzaine. Ce serait assez la veille des grandes fêtes.

CHARLES. — Quand tu seras mariée, tu feras ce que tu voudras. A Saint-Acheul; nous nous confessions tous les quinze jours, à présent...

MADELEINE. — A présent?

CHARLES. — J'ai fait mes Pâques cette année.

MADELEINE. — Seulement?... Il ne faudrait pas dire cela à maman, tu la fâcherais.

CHARLES. — Non, ma mère avec toi est plus exigeante, parce que tu es une jeune fille. Avec un jeune homme, ce n'est pas la même chose et on ne lui en demande pas tant. Il faut que jeunesse se passe et on nous laisse parfaitement tranquilles, à la condition que nous allions le dimanche à la messe et que nous ne manquions pas aux conférences.

MADELEINE. — Étaient-elles intéressantes les conférences où tu es allé?

CHARLES. — C'est toujours la même rengaîne.

MADELEINE. — A Poitiers, j'ai assisté à une conférence faite par M. Charmelong. Il y avait beaucoup de monde. On a applaudi beaucoup. J'ai été un peu désappointée, j'aurais cru que c'était autre chose.

CHARLES. — Tu dois comprendre que les conférences ont un but politique. On applaudit quand le discours ne vaudrait rien. Ça soutient l'orateur et empoigne le gros du public, qui est persuadé rien que par les applaudissements qui partent de tous côtés.

MADELEINE. — Tu as l'air de te moquer?

CHARLES. — Pas du tout. Je te fais entrevoir le derrière de la coulisse.

MADELEINE. — Il y aurait alors des coulisses partout. Tu me disais tout à l'heure qu'on ne demandait aux hommes qu'un certain décorum religieux, que cela suffisait.

CHARLES. — Cela pourrait même suffire pour d'autres. Mais *(souriant)*, tu es encore trop fillette, ma chère Madeleine, pour que je te dise ces choses-là.

MADELEINE. — Une fillette de 19 ans, ça commence à compter. (*Avec un air de reproche*). Tu te crois un homme parceque tu as 3 ans de plus que moi.

CHARLES. — Certainement, 22 ans, licencié en droit, futur magistrat...

MADELEINE. — Pas encore. Si la République chasse les jésuites, ce n'est pas pour faire de leurs élèves des magistrats.

CHARLES. — C'est ce qui te trompe, petite sœur. La République est trop bonne fille pour ne pas toujours prendre ses magistrats parmi ceux qui la détestent.

Scène II

Les mêmes : une jeune domestique, JOSÉPHINE.

LA DOMESTIQUE. — Madame demande mademoiselle.

MADELEINE. — *(à Charles)* Je sais ce que c'est. Je reviens à l'instant.

Scène III

Les mêmes : M. ALGRAND survenant.

MADELEINE. — Papa, je n'ai pu t'embrasser ce matin, tu n'étais pas levé quand nous sommes allées à la chapelle. (*elle embrasse son père et s'éloigne*).

M. ALGRAND. — Je parie que c'est encore quelque

pratique de dévotion. Notre maison est un vrai couvent. Ta mère est une excellente femme mais ne sait pas garder la mesure.

CHARLES. — Le mariage donnerait la liberté à Madeleine. Ne pensez-vous pas à la marier ?

M. ALGRAND. — C'est temps d'y songer. Il ne s'est encore présenté aucun parti. Je souhaiterais de la marier au plus vite pour la soustraire à cette dévotion exagérée. A propos, nous allons avoir le père Cavet. Il a écrit ce matin qu'il se mettait en route pour la Suisse, où son ordre a des intérêts, et qu'il s'arrêterait ici.

CHARLES (*avec humeur*). — On ne peut être maître chez soi, même en Suisse.

M. ALGRAND. — Que veux-tu ! Je ne pouvais pas lui répondre de ne pas venir. Moi aussi, je l'aurais mieux aimé à Poitiers qu'à Lausanne.

CHARLES. — Ce ne sera pas pour toute la saison, au moins ?

M. ALGRAND. — J'espère que non. Il parle de quelques jours seulement. (*M. Algrand s'éloigne*)

Scène IV

CHARLES, MADELEINE revenant.

MADELEINE. — C'était une dizaine de chapelet à réciter, de deux heures en deux heures, afin de gagner les indulgences attachées à notre neuvaine, j'avais oublié mon chapelet.

CHARLES. — Veux-tu faire une promenade en bateau avant le déjeuner ?

MADELEINE (*elle regarde à sa montre*). — Dans quelques minutes. J'ai un secret, tu vas l'apprendre.

(*elle s'approche de la terrasse, regarde et fait signe à son frère de s'approcher*). Tous les jours, à la même heure, il passe au pied de la terrasse, lève les yeux et me salue. Il y a huit jours que nous l'avons rencontré pour la première fois, maman et moi, en revenant de la chapelle.

CHARLES. — Oh ! petite sœur, déjà un roman en tête !

MADELEINE. — Les beaux yeux. N'est-ce pas qu'il a l'air bien distingué ?

CHARLES. — Je le connais. C'est un des jeunes avocats de Paris qui ont le plus d'avenir.

MADELEINE. — Son nom ?

CHARLES. — Edmond Laroche. C'est un républicain.

MADELEINE. — Ah !

CHARLES. — Son père était notaire à Paris. Maintenant que tu as vu passer ton... adorateur, allons faire notre promenade.

MADELEINE (*à part*). — Edmond ! le joli nom.

(*Ils sortent à gauche*)

Scène V

M. et Mme ALGRAND. (*l'un vient de la maison, l'autre de droite*).

M. ALGRAND. — As-tu de l'eau sédative ?

Mme ALGRAND. — Que veux-tu faire d'eau sédative?

M. ALGRAND. — M'en mettre une compresse. J'ai mal à la tête.

Mme ALGRAND. — J'ai mieux que l'eau sédative. J'ai l'eau miraculeuse de Lourdes. Je vais la chercher.

M. ALGRAND. — Non, je préfère l'eau sédative.

Mme Algrand. — C'est un remède vulgaire. L'eau de Notre-Dame de Lourdes est souveraine, et à son emploi sont attachées des indulgences.

M. Algrand. — Ça ne guérit pas les maux de tête.

Mme Algrand. — Si, tous les maux.

M. Algrand. — A la condition de n'être pas malade.

Mme Algrand. — Ta foi est bien tiède, Algrand. Tu as pourtant fait le pèlerinage avec nous.

M. Algrand. — Si je ne l'avais pas fait, tu ne m'aurais pas laissé un instant de repos.

Mme Algrand. — Je pense que tu n'as pas eu à t'en repentir. Quelles merveilles de la grâce nous avons vues ! Des guérisons extraordinaires.

M. Algrand. — Oui, de gens qui n'étaient pas malades.

Mme Algrand. — Comment peux-tu parler ainsi, mon ami ?

M. Algrand. — Laissons cela.

Mme Algrand. — Essaie toujours de l'eau. Veux-tu que j'aille la chercher ?

M. Algrand *(avec humeur)*. — Eh ! apporte ce que tu voudras *(à part)*, puisque c'est le seul moyen d'avoir la paix. *(Mme Algrand s'en va.)*

Scène VI.

M. ALGRAND, *et une jeune domestique qui accourt effrayée.*

La Domestique. — Monsieur..! Monsieur.. !

M. Algrand *(avec inquiétude)*. — Qu'est-il arrivé ? Parlez.

La Domestique. — Oh! je n'ose pas dire.... (*Dans le lointain on entend une voix qui crie :* au secours! ils se noient.)

M. Algrand. — Mes enfants! Où sont mes enfants? (*Ils sortent à droite*)

Scène VII.

Mme ALGRAND (*épouvantée*)

Charles! Madeleine! Où sont ils? Ce ne sont pas eux! (*Elle sort aussi à droite.*)

Scène VIII.

Une seconde domestique courant après : Madame! (*à part*) elle ne m'entend pas.

Scène IX.

La même domestique et la première revenant.

Joséphine. — Ils ne sont pas noyés. Quel bonheur! C'est un beau jeune homme qui a retiré Mademoiselle.

ACTE II.

Un salon, une porte à droite, une autre à gauche, fenêtres dans le fond.

Scène. I.

Mme ALGRAND, MADELEINE assises sur un canapé; puis EDMOND LAROCHE et une domestique.

La Domestique (*ouvrant la porte du salon*): M. Edmond Laroche.

Edmond Laroche, *entrant*. J'ai l'honneur, madame, de vous présenter mes respects. (*A la jeune fille*). Permettez-moi, mademoiselle Madeleine, de vous demander comment vous vous trouvez ?

(*La mère et la fille ont tendu leur main au jeune homme pendant qu'il leur parlait*)

MADELEINE. — Je suis tout à fait remise. Je me trouve très bien, je vous remercie, M. Edmond.

Mme ALGRAND (*attirant sa fille sur sa poitrine*).— C'est grâce à vous que je peux l'embrasser. Lorsque je vous vois, il me semble que je viens de retrouver ma fille. Tu n'iras plus jamais sur l'eau, ma chérie ?

MADELEINE. — Jamais, à moins (*souriant*) que M. Edmond ne soit tout près.

Edmond Laroche (*souriant*). Je vous remercie de cette confiance en moi, mademoiselle Madeleine, vous pourriez vous y fier absolument.

MADELEINE. — Je n'irai plus sur l'eau, non. Je pouvais vous faire noyer. Que serait devenue votre pauvre mère !

Mme ALGRAND. — J'ai le frisson, rien que d'y penser. Après Dieu, c'est vous que nous devons bénir. Je voudrais être une seconde mère pour vous. Je vous aime, M. Edmond, comme un fils.

EDMOND LAROCHE. — Merci, madame, de vos bonnes paroles. Elles me sont douces à entendre. Croyez-le bien, cela a été un grand bonheur pour moi de m'être trouvé au bord du lac.

MADELEINE. — Autrement c'était fini, et il est si doux de vivre auprès de ceux qu'on aime (*elle regarde à la fois sa mère et Edmond.*

La Domestique (*à la porte*) : madame, ce sont les sœurs de Sainte-Anne qui demandent si vous voulez les recevoir ?

Madeleine. — Oh ! maman, tu serais bien aimable de ne pas recevoir. J'ai un peu mal à la tête.

Mme Algrand. — Ces bonnes sœurs auront appris ton accident et elles viennent...

Madeleine. — Tu les recevras une autre fois.

Mme Algrand. — Puisque cela te contrarie, je vais les recevoir en bas, je dirai que tu es fatiguée. Je vous laisse pour un instant. (*Elle sort*).

Scène II.

MADELEINE et EDMOND LAROCHE.

Madeleine. — Je n'aime pas les visites d'étrangers.

Edmond Laroche. — Et vous ne me comptez plus au nombre des étrangers ?

Madeleine. — Oh non ! Vous ne serez jamais, monsieur Edmond, un étranger pour moi... Je ne suis pas ingrate.

Edmond. — Merci, mademoiselle Madeleine. Bien avant le jour où j'ai eu le bonheur de vous retirer du lac, vous n'étiez déjà plus une étrangère pour moi. La première fois que je vous rencontrai, mon cœur s'élança vers vous. Je sentis que je vous appartenais. Je cherchais à vous apercevoir partout. Pardonnez-moi si... il aurait bien fallu vous le dire un jour, pourquoi pas aujourd'hui ? Votre mère, tout à l'heure, disait qu'elle me regardait comme un fils, je n'ai pas osé répondre qu'à moi aussi il serait doux de l'appeler ma mère. Ma vie est à vous, si vous la voulez ? Madeleine, je vous aime ! (*La jeune fille reste un instant silencieuse, Edmond se met à ses genoux*). Madeleine je vous aime d'un amour infini, absolu, autant qu'un cœur d'homme peut aimer !

MADELEINE. — Je crois en vous, monsieur Edmond. Si mes parents y consentent, et je l'espère, je serai... heureuse d'être votre femme.

EDMOND. — Heureuse ! vous avez dit : heureuse.

MADELEINE. — Oui... moi aussi, Edmond... Je vous aime.

EDMOND (*lui prenant les mains*) Madeleine.. oh ! c'est le bonheur !

MADELEINE. — Relevez-vous, je ne veux pas que vous restiez à mes genoux.

EDMOND. — Je me relève... une grâce avant... accordez-moi un baiser, le premier baiser.

(*La jeune fille présente son front aux lèvres d'Edmond qui se relève ensuite.*)

Scène III.

Les mêmes. Mme ALGRAND *entrant.*

MADELEINE (*se lève et se jette au cou de sa mère.* — Maman, il me dit qu'il m'aime !

EDMOND. — Pardonnez-moi madame, il eût été mieux, peut-être, de m'adresser d'abord à vous ; cet aveu m'a échappé. Je vous demande comme une grâce, de me permettre d'aspirer à la main de Mlle Madeleine.

Mme ALGRAND. — Monsieur Edmond, certainement, après ce que nous vous devons, notre consentement n'est pas douteux. Vous nous plaisez. Vous avez tout ce que nous désirions rencontrer chez un gendre. Vous pourrez donc écrire à Mme votre mère. Son intervention, du reste, ne sera que pour la forme.

EDMOND. — Dès ce soir, madame, j'écrirai à ma mère. Les termes me manquent pour vous exprimer ma profonde reconnaissance, car j'aime bien Mlle Madeleine.

Mme ALGRAND. — Oh ! nous le voyons bien.

(La jeune fille se serre de nouveau contre sa mère et l'embrasse.)

Scène IV.

Les mêmes, M. ALGRAND et son fils CHARLES.

Mme ALGRAND. — M. Edmond Laroche vient de me surprendre bien doucement, il demande la main de Madeleine.

M. ALGRAND. — Nous acceptons avec beaucoup de plaisir, M. Laroche. C'est le meilleur moyen de nous acquitter envers vous.

(Les hommes échangent entre eux une poignée de main.)

CHARLES. — Et moi, Edmond, je suis enchanté de devenir votre beau-frère.

M. ALGRAND. — Je donnerai à Madeleine cent mille francs de dot et son trousseau.

EDMOND. — Oh! monsieur!

Mme ALGRAND. — Nous savons bien que ce n'est pas la dot de Madeleine que vous recherchez.

EDMOND. — Vous savez que je n'ai plus mon père... Je possède huit mille francs de rente.

M. ALGRAND. — Avec cela, on peut entrer en ménage.

Mme Algrand. — Vous dînerez avec nous. Ce sera un dîner bien ordinaire, c'est jeûne. Nous ne jeûnons pas, mais nous faisons maigre.

Edmond. — Maigre ou gras, le dîner sera pour moi délicieux, madame.

(*Madeleine a souri en le regardant.*)

Scène V.

Les mêmes, plus UNE DOMESTIQUE âgée.

La domestique. — Madame, le révérend père Cavet vient d'arriver.

Mme Algrand (*à Edmond*). — Excusez-nous de vous laisser. C'est un vieil ami, un saint homme que nous vénérons tous. Vous ferez connaissance avec lui. Viens aussi, Madeleine.

(*Ils sortent*)

Scène VI.

EDMOND et CHARLES, restés seuls.

Charles. — En voilà un qui aurait pu rester où il était! Vous allez le voir à l'œuvre. C'est par lui que la maison marchera à présent. Depuis huit jours, ma mère n'était plus reconnaissable. La commotion qu'elle avait éprouvée lui avait fait reprendre l'équilibre. Elle avait presque oublié ses dévotions, elle ressemblait à tout le monde. Le gâchis va recommencer. Mon père dit souvent que notre maison est un couvent, vous verrez que la vie du couvent n'est pas précisément gaie. C'est encore heureux qu'on vous ait promis la main de Madeleine, autrement vous auriez dû obtenir d'abord le consentement du père Cavet.

Edmond. — Ça va si loin que cela?

CHARLES. — Oui. Le directeur spirituel de ma mère fait chez nous la pluie et le beau temps. Aussi, mon cher Edmond, si vous me permettez de vous donner un conseil, ce sera de ménager le père Cavet.

EDMOND. — Soyez tranquille, je le ménagerai. Je veillerai sur moi pour que rien ne m'échappe. Je n'aurais pas soupçonné le catholicisme ardent de votre famille.

CHARLES. — Ma mère est dévote. Mon père et moi nous nous contentons d'être catholiques. Quant à Madeleine, comme les jeunes filles, elle n'a pas de volonté, elle fait ce que veut ma mère, et elles courent les églises ensemble. Ce sera à vous d'y remédier, lorsque vous serez mariés. Si vous avez la main un peu ferme, Madeleine vous écoutera, car ce qu'elle en fait est surtout pour ne pas contrarier ma mère.

EDMOND. — Rassurez-vous. J'espère bien la faire renoncer à ces pratiques de dévotion exagérées. Je ne saurais consentir à ce qu'il y ait un intermédiaire attitré entre elle et moi. Un prêtre lisant à livre ouvert dans le cœur de ma femme qui aurait des secrets pour moi, cela je ne l'accepterais jamais. L'action du confesseur est funeste...

CHARLES. — Je vous arrête là. Vous brûlez les étapes, mon cher beau-frère. Songez que nous sommes tous catholiques ici. Entre nous, vous me paraissez un fils passablement insoumis de l'Église.

EDMOND. — Un rebelle, un révolté, Charles!

CHARLES. — Vous avez sauvé la vie de ma sœur, vous l'aimez, je suis votre ami, suivez le conseil que je vous donne : ne heurtez ni la dévotion de ma mère, ni le père Cavet. Laissez dire tout ce qu'on voudra,

Autrement vous vous buteriez contre un *non possumus* aussi intraitable qu'à Rome.

EDMOND (*serrant la main de Charles*). — Je suivrai votre conseil et je vous en remercie, mon cher Charles. Je serai, s'il le faut, sourd-muet, car je veux épouser Madeleine.

Scène VII.

Les mêmes, M. et Mme ALGRAND, MADELEINE et le PÈRE CAVET.

LE PÈRE CAVET (*à Charles qu'il embrasse*). — Je suis enchanté, mon cher enfant, de vous retrouver au sein de votre famille. Vous êtes licencié en droit. Prenez patience, aussitôt la tourmente passée, nous vous caserons.

CHARLES (*s'incline*). — Vous avez fait un bon voyage?

LE PÈRE CAVET. — Très bon. Je suis heureux d'être au milieu de vous.

Mme ALGRAND. — Mon révérend père, je vous présente M. Edmond Laroche, bientôt notre gendre, dont nous vous avons parlé. (*A Edmond.*) Le révérend père Cavet. (*Les deux hommes se saluent.*)

LE PÈRE CAVET. — Monsieur, je serai charmé de faire avec vous une plus intime connaissance.

EDMOND (*s'inclinant*). — Vous êtes bien bon, monsieur.

(*On s'assied.*)

LE PÈRE CAVET. — C'est à votre dévouement, monsieur, que nous devons, après la divine providence, la conservation des jours de cette chère enfant. (*Aux parents*). Quelle angoisse ça dû être pour vous, mes chers amis ! La bonté céleste ne vous a pas délaissés, car elle n'abandonne jamais ceux qui pratiquent les saints enseignements de l'Église. C'est pour moi une consolation bien douce de venir me reposer au sein de votre famille bénie du ciel. Dans ce temps d'épreuve, où l'impiété lève partout une tête audacieuse, il est vraiment consolant de voir s'unir par les liens du mariage des chrétiens qui ont conservé la foi ardente de leurs pères. Sachez-le bien, mes amis, ce temps ne durera pas. Le règne de Dieu est proche. Nos vœux seront bientôt exaucés : une foi, un roi ! Alors, ce sera au tour de l'impie à trembler. *(à Edmond)*. Ce doit être pour vous, monsieur, une grande joie que d'entrer dans une famille si chrétienne. Madeleine suit la voie que lui a tracé sa pieuse mère. Je ne vous fais pas l'injure de vous demander si vous êtes un véritable catholique, vous vous alliez à une famille pour laquelle tous les biens périssables de la terre ne seraient rien sans le glorieux titre de catholique, apostolique et romain.

CHARLES. — Edmond est chrétien et des meilleurs puisqu'il pratique le dévouement au péril de sa vie.

Mme ALGRAND. — En vérité, mon révérend père, nous avons complètement oublié d'interroger M. Edmond sur ses sentiments religieux. Nous lui avions tant d'obligations, le mariage s'est décidé si vite, aujourd'hui même, que nous n'y avons pas pensé.

LE PÈRE CAVET *(surpris du silence d'Edmond)*. — Je ne doute pas de la soumission de M. Laroche à notre sainte mère l'Église. Certainement, monsieur, vous êtes catholique ?

EDMOND. — J'admire le christianisme. La vie du Christ, sa doctrine, sa mort sont sublimes. Je me sens plein de respect pour son enseignement et pour lui.

Jamais rien de si beau, de si pur, n'avait été prêché. C'étaient les lois de la fraternité humaine, apportées sur la terre. Non, jamais l'antiquité n'avait rien vu de pareil. Ce fut un éclair splendide, merveilleux.

Le Père Cavet. — Le catholicisme et le christianisme ne font qu'un. L'église, qui doit vivre jusqu'à la consommation des siècles, a reçu pleins pouvoirs de son fondateur et c'est aux successeurs de saint Pierre qu'a été dit : « Tout ce que vous lierez sur la terre sera lié dans le ciel. » Les termes peu orthodoxes que vous employez me font craindre que vous ne marchiez déjà dans le sentier de l'erreur, si voisin de l'incrédulité. Un catholique n'est pas tenu seulement d'admirer l'évangile, il doit se soumettre sans examen à toutes les décisions de l'Eglise, qui est représentée sur la terre par son chef visible et infaillible, le saint père le pape. Etes-vous catholique, c'est-à-dire soumis à l'Eglise ?

Edmond. — Non, je ne suis pas catholique.

Le Père Cavet. — (*avec épouvante*) Vous n'êtes pas catholique !

Mme Algrand. — (*aussi avec épouvante*) pas catholique ! (*l'attitude de M. Algrand et celle de Madeleine expriment la stupeur ; un des bras de Madeleine est pendant, elle se couvre les yeux de son autre main ; Charles n'est que surpris.*)

Edmond. — Je vous prie de me pardonner l'effroi que je vous cause. Cet entretien, j'eusse tout donné pour l'éviter. Que pouvais-je faire ? Je ne sais pas mentir. Laissez-moi vous dire à tous, à vous surtout madame, à vous, mademoiselle Madeleine, que je suis un honnête homme. Ne le sentez-vous pas ? Si je n'ai pas votre foi religieuse, qu'importe après tout ? Jamais je ne songerai à ruiner la croyance de Melle Madeleine. Elle sera libre avec moi comme dans la maison de son père. Elle ira à l'église...

Le Père Cavet. — (*avec ironie*) De quoi vous inquiéteriez-vous, en effet, parents chrétiens ? Monsieur fera cet effort admirable : il n'empêchera pas votre fille d'aller le dimanche à la messe !

Edmond. — Je ne réponds pas. M'adressant à vous, madame, je vous dirai : le malheureux dissentiment qui vient de se produire entre nous, n'a pu modifier l'inaltérable affection que j'éprouve pour mademoiselle Madeleine. Je suis le même qu'il y a une heure, alors que vous aviez daigné souscrire à ma demande de sa main. Rien ne peut être changé...

Mme Algrand. — Malheureusement, si...

Madeleine. — Maman !

Mme Algrand. — Et, malgré tout le regret que nous éprouvons à reprendre une parole donnée, malgré toute notre reconnaissance...

Madeleine. — Je lui dois la vie, ma mère !

Edmond. — Oh ! merci, mademoiselle Madeleine ! (*à Mme Algrand*) Je vous en conjure, madame, ne cédez pas à un sentiment de vivacité, si légitime qu'il soit. J'ai blessé, bien malgré moi, vos sentiments religieux. Je ne l'ai fait que pour ne pas mentir. J'aime mademoiselle Madeleine de toutes les forces de mon être. En me la refusant, vous briseriez ma vie. Ne le faites pas. Je serai pour vous un fils plein de respectueuse sympathie, quoique ne partageant pas votre croyance. Est-ce donc un crime irrémissible que de n'être pas catholique ?

Mme Algrand. — C'est du moins un grand péché et un grand malheur.

Le Père Cavet. — Seriez-vous protestant ?

Edmond. (*avec tristesse*) Je sens que je vais me perdre, je vous parlerai pourtant en toute sincérité. Peut-être, d'ailleurs, vous devais-je cette confession, Madeleine. Je n'appartiens à aucun culte. Je me suis séparé du catholicisme dans lequel j'ai été élevé, parce qu'il condamne tout ce que j'aime, la liberté, la science, l'égalité entre les hommes; parce que encore ses dogmes ne répondent pas au besoin de souveraine justice qui est en moi. Je crois que le catholicisme s'est fait une idée fausse de la Divinité. Je crois en Dieu, sans comprendre ni comment il est, ni le but de la création. J'ignore si tout finit avec la vie. Je n'affirme ni ne nie. J'ai soif de vérité et je la cherche. Je crois cependant à la solidarité humaine et à l'obligation où sont les hommes de s'entr'aider. J'admire le génie mais j'estime davantage l'homme de bien. Les dogmes religieux ne me paraissent exprimer que l'état des esprits au moment où ils ont pris cours et ils doivent disparaître avec les sociétés qui les ont vus naître. La religion, qui à mes yeux, se rapprocherait le plus du culte véritable serait celle qui se renfermerait dans l'enseignement de la morale et la prière en commun.

Le Père Cavet. — Vous êtes à la fois déiste et libre penseur ?

Edmond. — Oui, je suis libre-penseur, si, par là, vous entendez l'esprit droit qui cherche le vrai avec le désir inquiet de le rencontrer et d'y consacrer sa vie, oui alors, je suis un libre-penseur. Je ne demande pas à un honnête homme sa croyance, je la respecte parce qu'elle est sincère. C'est vous dire assez que je n'ai aucune espèce d'intolérance. Cette tolérance, dont je ne me départirai jamais, je vous supplie de l'avoir pour moi. Parce que je ne crois pas avec vous, ne m'enlevez pas la suprême espérance à laquelle s'est attachée ma vie, laissez-moi mademoiselle Madeleine.

MADELEINE. — Maman, je t'en prie ! va, ne crains rien, je ramènerai M. Edmond. Il finira par venir à l'église avec moi.

Mme ALGRAND. — Non, ma fille. Ce malheureux jeune homme ne croit à rien et tu te perdrais avec lui. Je n'y consentirai jamais.

EDMOND. — Un seul mot, madame. J'aimais mademoiselle Madeleine avant la terrible scène du lac, c'était le besoin de l'apercevoir qui m'avait poussé au bord de l'eau au moment où elle allait se noyer. J'ai sauvé votre fille, ne me tuez pas !

MADELEINE. — (*à genoux*) Grâce, ma mère, pour tous deux ! Je l'aime !

(*Le père relève sa fille et la serre dans ses bras ; elle sanglote.*)

EDMOND. — Oh ! merci, Madeleine, merci !

Mme ALGRAND. — Nous n'oublierons jamais ce que vous avez fait pour nous. Notre reconnaissance durera autant que notre vie, mais le devoir d'une mère chrétienne est de veiller au salut éternel de ses enfants. Si pénible à formuler que soit notre refus, je suis obligée de vous dire qu'il m'est impossible de vous donner ma fille.

CHARLES. — (*prenant la main d'Edmond qui sort abasourdi*) Du courage ! Madeleine est là et moi aussi !

ACTE III.

L'action se passe dehors, au pied d'un coteau où il y a quelques arbres. Deux sentiers au bas du coteau ; l'un descend à droite, l'autre remonte à gauche.

Scène I.

M., Mme ALGRAND et le PÈRE CAVET se promènent.

M. ALGRAND. — Il faut en finir. Madeleine dépérit à vue d'œil. Si tu ne veux pas qu'elle tombe malade sérieusement, marie-la.

Mme ALGRAND. — La marier avec un libre-penseur!

M. ALGRAND. — Sans lui, ta fille n'existerait plus. Elle qui était si gaie, si douce, elle ne parle plus, elle reste renfermée dans sa chambre, elle pleure en cachette et il a fallu tout à l'heure les efforts de Charles et les miens pour la décider enfin à sortir. Son frère l'emmène se promener.

Mme ALGRAND. — La scène de l'autre jour l'a frappée. Avec le temps, elle oubliera, surtout lorsque nous aurons quitté la Suisse.

M. ALGRAND. — Si tu veux tuer ta fille, tu es libre.

Mme ALGRAND. — Tuer ma fille! vous êtes cruel, monsieur!

M. ALGRAND. — C'est toi qui est cruelle envers Madeleine.

Mme ALGRAND. — Mais que veux-tu que je fasse?

M. ALGRAND. — Marie-la.

LE PÈRE CAVET. — Si vous me permettiez de vous

donner un conseil, je vous dirais, après y avoir mûrement réfléchi, je ne pense qu'à cela : oui, mariez-la.

Mme Algrand. — Vous aussi, mon révérend père?

Le père Cavet. — Oui, madame. L'imagination de Madeleine a été trop frappée par un concours de circonstances romanesques, pour espérer la guérir. Il faut céder à temps. En agissant ainsi, nous resterons peut-être maîtres de la situation.

Mme Algrand. — Mais ce malheureux jeune homme qui ne croit à rien peut ne pas vouloir même se marier à l'église! Y pensez-vous?

Le père Cavet. — Tranquillisez-vous. Il y a chez lui une passion indomptable. Pour posséder Madeleine, il ira à l'église sans difficulté. Et qui sait l'influence qu'elle pourra prendre sur lui? Les voies de la Providence sont impénétrables. Peut-être Madeleine est-elle proposée pour ramener au bercail cette brebis égarée.

Mme Algrand. — Dites plutôt un loup dévorant qui mangera ma fille.

Le père Cavet. — Auriez-vous si peu de confiance dans l'empire qu'une femme chrétienne peut exercer sur son mari? Madeleine, intelligente et belle comme elle est, pourra beaucoup sur son mari, si elle est bien dressée. Je lui parlerai et je ne désespère pas qu'un jour, avec l'aide du glorieux archange saint Michel, le libre-penseur ne soit terrassé et que votre gendre n'entre enfin dans le giron de notre sainte église.

Mme Algrand. — Il faudrait ramener M. Laroche de trop loin.

Le père Cavet. — Laissez-moi faire.

Mme ALGRAND. — Il est là-bas, il cause avec un étranger.

M. ALGRAND. — Oui, c'est M. Laroche et ils viennent de ce côté. Je vais lui dire qu'il peut revenir à la maison.

(Mme Algrand et le père Cavet retournent sur leurs pas et M. Algrand s'avance de l'autre côté, à droite.)

Scène II.

M. ALGRAND, EDMOND LAROCHE (son ami VICTOR BRUNET se tient à l'écart.)

M. ALGRAND *(prenant la main d'Edmond)*. — Je veux vous serrer la main, mon cher M. Laroche, et vous dire que nous vous reverrons avec plaisir... Ma femme et moi consentons au mariage.

EDMOND. — Je vous remercie, monsieur, du plus profond du cœur.

M. ALGRAND. — Il est bien entendu que votre mariage sera célébré à l'église.

EDMOND. — Parfaitement. J'ai toujours compris que Mlle Madeleine ne pouvait se marier qu'à l'église. Me permettrez-vous d'aller vous voir ce soir ?

M. ALGRAND. — Certainement, et vous nous ferez plaisir.

EDMOND. — Alors à ce soir.

(Ils se donnent la main.)

M. ALGRAND. — A ce soir.

(Il s'en va à gauche.)

Scène III.

EDMOND, VICTOR BRUNET son ami, se rapprochant.

VICTOR BRUNET. — Qu'est-ce? Tu es rayonnant.

EDMOND. — C'est le père de Madeleine, M. Algrand.

VICTOR BRUNET. — Eh bien?

EDMOND. — Ils consentent au mariage.

VICTOR BRUNET. — Ils se déjugent vite.

EDMOND. — Je suis heureux. Maintenant, je me sens vivre. Tu me serviras de témoin.

VICTOR BRUNET. — Non, je ne te servirai pas de témoin.

EDMOND. — Tu ne seras pas témoin, pourquoi?

VICTOR BRUNET. — Parce que je n'en sers pas chez les cléricaux.

EDMOND. — Mais c'est à moi que tu serviras de témoin.

VICTOR BRUNET. — Je refuse.

EDMOND. — Nous sommes amis depuis quinze ans, Victor, depuis notre sixième à Louis-le-Grand, et tu refuses ! Veux-tu me dire pourquoi ?

VICTOR BRUNET. — Je vais te le dire : Hier, quand tu m'as parlé de ton mariage manqué, tu venais de recevoir une tuile et tu t'étais parfaitement conduit. Aujourd'hui que le mariage se remmanche, c'est autre chose. S'il te plaît de passer sous les fourches caudines et de renier ton passé de libre-penseur et d'ennemi du cléricalisme, tu es libre; mais ne compte pas sur moi, je ne serai pas ton copain.

EDMOND. — Où vois-tu que je renie quoi que ce soit? Se marier à l'église, lorsqu'on ne peut faire autrement, est-ce faire acte de catholique?

VICTOR BRUNET. — Tu jésuitismes et ta future famille déteint déjà sur toi. Ah! bast! Je croyais que le catholicisme n'était bon que pour les vieilles femmes, les idiots de naissance et les perruques; il paraît que ç'a changé. Eh bien ! marie-toi. Je veux te voir, avant six mois, marguillier de la paroisse!

Edmond. — C'est singulier, comme une chose si simple a le don de t'émouvoir. Ces épithètes de vieilles femmes, d'idiots et de perruques, je ne me rappelle pas m'en être jamais servi. En tout cas, ce ne seraient que des paroles de jeune homme qui n'ont aucune valeur. Il y a deux choses dont tu ne sembles pas te douter et qu'il faut pourtant te mettre dans la tête : d'abord, que toute croyance, quand elle n'est pas un trompe-l'œil, est respectable; ensuite, que le pire moyen pour ramener les gens, est de les injurier.

Victor Brunet. — Eh ! continue. Tu parles bien ! Tu seras mieux que marguillier. Je veux te voir faire des conférences pour l'édification des âmes pieuses et béates. Tu auras du succès et j'irai t'entendre.

Edmond. — Est-ce que tu veux me fâcher ?

Victor Brunet. — Fâche-toi, si tu veux. Je te dis ton fait. Voudrais-tu des compliments? Oui ou non, manques-tu à toute ta jeunesse, à tout ce que tu pouvais devenir? Ne te fais-tu pas l'allié de nos adversaires politiques ? Et l'heure est vraiment choisie pour passer au camp ennemi ! C'est quand nous avons besoin de toutes nos forces pour abattre le cléricalisme, que tu t'enrégimentes sous sa bannière ! Tu es un déserteur. Toutes tes connaissances te renieront. Qui prétend aimer la liberté, ne donne pas sa main à un parti qui est la négation de la liberté. Ne sais-tu pas ce que feraient tes nouveaux alliés, s'ils revenaient les maîtres ? Le passé enseigne ce que serait l'avenir.

As-tu oublié les bûchers, la torture, les oubliettes où le misérable attendait la mort comme une délivrance ? Ne crois même pas que l'adoucissement des mœurs tempérerait la violence des cléricaux. Si les mœurs publiques se sont adoucies, c'est malgré eux. N'insultent-ils pas tous les jours à la société moderne, qu'ils traitent d'impie, parce qu'ils ne peuvent plus, comme autrefois, lui imposer leurs dogmes par le bourreau. L'adoucissement des mœurs ! elles étaient adoucies les mœurs à la fin du XVIIIe siècle, ce qui n'a pas empêché le Parlement — cette justice de l'ancienne monarchie — de condamner La Barre, un malheureux enfant de 20 ans qui avait mutilé un crucifix, à être écartelé. Ce qu'ils faisaient il y a cent ans, ils le referaient demain, s'ils en avaient la puissance. Voilà tes alliés !

EDMOND. — Quelle exagération chez toi ! Si j'étais un rénégat, parlerais-tu autrement ? En quoi, je te demande, ma foi politique sera-t-elle entamée par mon mariage ? Est-ce que je déserte la liberté ? Je sais, comme toi, la longue oppression qu'a exercée le catholicisme. Mais, est-ce que, par hasard, je deviens catholique ? J'aime une jeune fille, je n'aime rien autant qu'elle au monde. Elle est catholique, je ne puis être son mari qu'en faisant bénir notre union à l'église, et je n'irais pas ! Je serais un insensé alors, digne d'être renfermé à Charenton. Elle serait juive ou protestante, que j'irais tout aussi bien avec elle, et la tête haute, au temple ou à la synagogue. Si tu ne comprends pas cela, je te plains.

VICTOR BRUNET. — Moi aussi, je te plains, car tu es réellement à plaindre. Avec une pareille passion, ta femme, aidée de sa famille, aura beau jeu. Que pourras-tu lui refuser? Le moins qu'elle puisse te demander sera de l'accompagner de temps à autre à l'église. Elle fera maigre. Il n'y aura que du maigre sur votre table les jours d'abstinence. Si ce carême forcé t'ennuie, tu n'auras d'autre ressource que d'aller dîner au restaurant ou de faire une scène à ta femme, et encore, le confesseur aidant, cédera-t-elle ? Tu trouveras le confesseur partout. Son œil plonge dans les mystères de l'alcôve. Crois-tu que ta femme te laissera tranquillement ne pas pratiquer son culte ? Elle reviendra à la charge, tant qu'elle ne t'aura pas vaincu. Si tu résistes, ton intérieur est perdu. Le prêtre, dans l'ombre, lui ordonnera de rompre tout commerce avec un damné. Tu aimeras ta femme, ta vie sera un enfer, jusqu'à ce que vous vous sépariez. Je t'ai dit le sort qui t'attend.

EDMOND. — Tu parles sérieusement cette fois et peut-être y a-t-il là un réel danger. Je ne le nie pas. J'y veillerai de mon mieux. Ma femme sera libre pour les exercices de son culte, mais elle n'élira pas domicile à l'église. L'union intime des époux rend tout facile. Je ferai en sorte qu'elle se plaise dans sa maison. Je chercherai à l'intéresser à des idées saines, utiles, généreuses qui prendront la place qu'occupaient les futilités dans sa vie de jeune fille. Je m'efforcerai de la dépouiller des préjugés de son éducation, mais j'aurai, je le crois, la main légère, et je ne la heurterai jamais sans une impérieuse nécessité. Je ne pense pas avoir beaucoup d'efforts à faire pour l'empêcher de courir les sermons et autres cérémonies pareilles. C'est le désœuvrement des femmes qui peuple les églises, je saurai l'occuper. J'en ferai un ami à qui on dit tout, et si jamais l'ambition me vient, je l'associerai à mon ambition, à mes espérances. Elle aura vite reconnu que je ne suis pas un impie, mais une nature droite en quête de la vérité. Un travail latent se fera dans son esprit et peut transformer sa manière de penser.

VICTOR BRUNET. — Veux-tu savoir toute ma pensée ? Eh bien ! Avant deux ans, tu auras plaidé ta propre séparation de corps, à moins que le divorce ne soit établi d'ici là.

EDMOND. — Ne va pas plus loin. Si ce malheur arrivait, je serais perdu. L'épreuve vaut la peine d'être tentée, je la ferai.

VICTOR BRUNET. — Tu la feras, en tout cas, sans moi et tu peux chercher un autre témoin.

EDMOND.— Tout à l'heure tu parlais raisonnablement et on pouvait causer avec toi, mais maintenant ? Tu es mon plus vieil ami, nous ne nous sommes pas perdus de vue depuis quinze ans, rien ne semblait pouvoir nous séparer et tu romprais avec moi plutôt que d'assister à mon mariage à l'église, une simple cérémonie qui n'engage à rien ? Si un jour l'amour te mord au cœur, tu verras combien coûte peu une concession à la femme aimée. Es-tu sûr, d'ailleurs, de ne jamais assister à une cérémonie religieuse ? Une personne, n'importe laquelle, peut te toucher de près et mourir, refuserais-tu d'aller à son enterrement parce que le convoi irait à l'église ?

VICTOR BRUNET. — Oui, certes, je refuserais. Je ne mettrai jamais les pieds dans une église.

EDMOND. — J'ai plus de tolérance. Et moi, qui n'appellerai pas le prêtre pour mon compte, parce que je ne crois pas à sa mission, si je me trouvais seul un jour, au lit d'un mourant, je ne dis pas au lit d'un ami mais d'un inconnu, et que cet inconnu, cet être abandonné me priât de lui amener un prêtre, je ne m'établirais pas le juge de ce malheureux et j'irais chercher le prêtre pour cette conscience en peine.

Victor. — C'est superbe, seulement ça glisse sur moi comme la pluie sur le caoutchouc. Marie-toi, puisque tu ne veux pas en démordre, mais de ce jour, tout est fini entre nous. (*Il s'éloigne*)

Edmond (*le rappelant*). — Victor !

Victor (*se retournant*). Je ne suis plus l'ami d'un homme qui se marie à l'église. (*Il s'en va à gauche*).

Scène IV.

EDMOND, CHARLES et MADELEINE *qui surviennent à droite*

Edmond (*ému*) Monsieur votre père est venu à moi il y a une heure... ils consentent... vous serez ma femme.

Madeleine (*porte la main à son cœur*). — Mon Dieu !... que je suis heureuse !

Edmond. — Moi aussi, mademoiselle Madeleine, je suis heureux... Je ne trouve aucun mot pour l'exprimer. Je vous aimerai bien.

Ils se regardent un instant en silence.

Madeleine. — Nous avions reconnu votre voix de loin. Votre entretien était très animé. Etait-ce une personne de connaissance avec qui vous causiez ?

Edmond. — Un ami, le plus ancien de tous. Nous nous sommes séparés brouillés.

Madeleine (*avec inquiétude*). — Brouillés ?

Edmond. — Il ne me pardonne pas de me marier à l'église et il m'a refusé de me servir de témoin.

Madeleine (*avec étonnement*). — Il voulait vous

empêcher de vous marier à l'église ! Quelle personne est-ce donc ?

CHARLES. — C'est... un libre-penseur.

MADELEINE. — Le père CAVET a appelé ainsi M. Edmond, il ne lui ressemble pas pourtant.

CHARLES. — Edmond est un libre-penseur tolérant. (*A Edmond*). Vous voyez qu'il n'y a pas que les cléricaux d'intolérants.

MADELEINE. — Est-ce qu'on peut se marier sans aller à l'église ?

EDMOND. — Oui, mademoiselle Madeleine. Le prêtre ne fait que bénir l union, il n'a pas qualité pour marier. Le mariage se contracte à la mairie devant l'officier public et à l'étranger devant le consul. C'est au consulat de Lausanne que nous nous marierons.

MADELEINE. — Je ne me croirais pas mariée, si je ne recevais pas la bénédiction de l'église.

EDMOND.—Je le savais bien. Aussi, lorsque monsieur votre père m'a dit que son consentement était subordonné à la célébration de notre mariage à l'église, je n'ai éprouvé aucune hésitation. Je ferais des choses plus difficiles pour vous mériter.

MADELEINE. — Oui, je le sais... le lac est trop près pour que je ne vous croie pas.

(*Edmond lui prend la main, ils se regardent en silence*)

CHARLES (*souriant*). — Embrassez-la. Je ne verrai pas.

(*Edmond prend Madeleine dans ses bras et l'embrasse longuement*).

CHARLES *à* (*part*). — Je voudrais bien avoir à aimer une petite femme gentille comme ma sœur.

EDMOND (*indiquant de l'œil la direction*). — Voilà vos parents.

Scène V.

Les mêmes, M. et Mme ALGRAND, le père CAVET venant à gauche.

MADELEINE (*à ses parents*). — Je vous remercie tous les deux. Vous me rendez bien heureuse, en consentant à notre mariage.

(*Elle embrasse son père et sa mère*).

Mme ALGRAND. — Puisses-tu, ma chère enfant, être aussi heureuse que nous le désirons.

EDMOND (*après avoir salué le révérend*). — Moi aussi, madame, j'ai à vous remercier, je vous devrai le bonheur.

MADELEINE. — Si tu savais, maman, ce qui vient d'arriver à M. Edmond : Son meilleur ami refuse de lui servir de témoin, parce qu'il se marie à l'église.

(*M. Algrand, Charles, Edmond et Madeleine sont rapprochés les uns des autres; Mme Algrand et le père Cavet sont un peu à l'écart.*)

LE PÈRE CAVET (*à Mme Algrand*). — Cela va plus vite que nous ne devions l'espérer. Le premier coup lui a été porté, Madeleine opérera le reste. Je vais la sermonner. La fin justifie les moyens. Retournez tous ensemble, je rentrerai avec votre fille.

Mme ALGRAND (*tournée vers le groupe où est Edmond*). — M. Edmond, vous dînerez avec nous. Donnez-moi le bras.

(*Ils s'en vont, moins le père Cavet et Madeleine qui restent sur la scène.*

Scène VI.

MADELEINE et le PÈRE CAVET.

LE PÈRE CAVET. — J'ai à vous entretenir, ma chère Madeleine. Le mariage chrétien est une affaire grave et il est nécessaire que vous soyez préparée aux devoirs qui vous attendent. Ce sera la tâche de votre sainte mère, c'est aussi la mienne. Vous aurez beaucoup à faire. Votre rôle n'en sera que plus méritoire. M. Laroche est un esprit égaré qu'il faut ramener aux saintes vérités de la religion. Dieu se sert volontiers des faibles, lorsqu'il veut opérer les plus grandes merveilles, afin de montrer sa toute puissance. La Providence vous a placée sur le chemin de M. Laroche pour l'arracher à l'erreur. Nulle n'est plus à même de réussir que vous. Votre futur vous est cher, vous lui avez inspiré une grande passion. La religion ne condamne pas le sentiment qu'on éprouve l'un pour l'autre dans le mariage, elle s'ingénie seulement à épurer cet amour profane. Il s'agira pour vous d'empêcher votre mari de se damner. Vous devrez donc employer tout l'empire que vous aurez sur lui, afin de le convertir. Vous sanctifierez ainsi le mariage qui a pour objet de faire des chrétiens.

Madeleine. — Je souhaite ardemment de ramener un jour mon mari à notre sainte religion. Guidez-moi, mon révérend père, je ferai ce que vous me direz de faire.

Le père Cavet. — Vous êtes, ma chère Madeleine, dans les sentiments où je voulais vous voir. Le tout est de savoir s'y prendre. Vous continuerez à remplir avec la plus grande exactitude tous vos devoirs de piété. Vous irez à la messe tous les jours.

Madeleine. — Tous les jours! Est-ce nécessaire?

Le père Cavet. — Ne le faites-vous pas déjà? Mariée, vous ne devez abandonner aucune des saintes habitudes que vous avez contractées sous l'aile vigilante de votre pieuse mère. Il est indispensable, d'ailleurs, que vous accoutumiez, dès la première heure, votre mari à vous voir pratiquer tous les exercices religieux. Les jours d'abstinence, aucun mets gras ne paraîtra sur votre table. Ce ne serait pas assez pour vous de faire maigre, il faut encore que chez vous on ne fasse pas gras.

MADELEINE. — M. Edmond... mon mari me ferait ce plaisir... certainement, si je le lui demande, j'aurais préféré pourtant le laisser libre de faire comme il aurait voulu.

LE PÈRE CAVET. — Cela, non. Il n'y aura que du maigre sur votre table. Si vous faisiez une seule concession, vous les feriez toutes. Pas de concession jamais. Mais de la prudence et de la fermeté dans l'attaque.

MADELEINE. — Dans l'attaque, mon père?

LE PÈRE CAVET. — Sans doute. Pensez-vous donc que si vous ne l'attaquiez pas dans son irreligion, si vous ne la battiez pas en brèche, que vous en viendriez jamais à bout? L'action de la grâce n'opère pas toute seule. il faut aider à l'action de la grâce.

MADELEINE. — Je serais bien embarrassée... J'aurais peur de faire de la peine à mon mari.

LE PÈRE CAVET. — Vous avez le soin de son âme, c'est à vous à la conduire au ciel.

MADELEINE. — M. Edmond a plus d'expérience que moi. C'est un esprit élevé qui sait beaucoup de choses que j'ignore. Si je raisonne avec lui de notre religion, ses réponses... peuvent m'embarrasser.

LE PÈRE CAVET. — Vous ne m'avez pas compris. Je ne vous prescris pas de discuter avec lui, vous n'auriez qu'à y perdre. J'ai voulu dire que vous deviez toujours avoir devant les yeux l'obligation où vous êtes de le ramener à la foi et de vous servir des avantages que vous avez sur lui pour gagner du terrain, sans en jamais perdre. Votre tâche n'est pas d'un jour. Vous n'emporterez pas la place d'assaut, mais vous réussirez, si vous savez vous y prendre et je veux vous y aider.

MADELEINE. — Vous m'effrayez presque...

LE PÈRE CAVET. — C'est que votre foi n'est pas assez vive; vous n'êtes pas aussi bonne chrétienne que votre mère.

MADELEINE. — Mon père était religieux. S'il n'avait pas pratiqué, ma mère l'aurait-elle ramené?

LE PÈRE CAVET. — Certainement, elle l'aurait ramené. Votre mère a la foi et les œuvres. Sachez vous montrer digne de votre sainte mère.

MADELEINE. — Comment m'y prendre ?

LE PÈRE CAVET. — Je vais vous le dire. Vous n'êtes plus une enfant et le mariage bientôt aura dissipé les derniers voiles de votre vie de jeune fille. Tout ne doit pas être plaisir dans le mariage. Il comporte des devoirs. Un peu plus tôt, un peu plus tard, vous serez mère. Vous aurez à élever chrétiennement vos enfants. Vous ne pourrez le faire qu'autant que votre mari sera lui-même catholique. L'exemple de la femme ne suffit pas. Il faut encore que la vie du père ne démente pas l'enseignement donné par la mère. La conversion de votre mari est donc de toute nécessité. Ce sera long, mais encore une fois, si vous le voulez bien, vous y arriverez. Vous aurez sur lui une grande prise, car il a pour vous une passion profonde. Appliquez-vous à purifier cet attachement tout charnel. Soyez chrétienne à toute heure et partout. Je vous ai recommandé l'accomplissement de tous les exercices spirituels, gardez-vous d'y manquer. Vous irez aux sermons, à nos saluts splendides. Et qui donc s'y rendrait, si l'élite des femmes ne se portait à nos cérémonies imposantes ! Vous userez ainsi les heures dont vous ne sauriez que faire. Que feriez-vous à votre maison tout le jour? Les sermons chrétiens vous rappelleront sans cesse la mission qui vous est imposée. Vous confierez vos plus secrètes pensées à votre confesseur. Vous l'initierez à votre situation délicate et vous vous laisserez guider par lui. Enfin, dès les premières semaines de votre mariage, vous devrez amener votre mari — non pas à aller avec vous à l'église, ce serait brusquer les choses et vouloir essuyer un refus — vous devrez l'amener à vous accompagner de temps à autre à la porte de l'église et à vous y venir chercher. Ce n'est pas aussi difficile que ç'en a l'air. Vous faites, je suppose, vos dévotions à une église éloignée. Si c'est en hiver, où les jours sont courts, vous avez peur pour revenir seule le soir; en été, on vous aura suivie. Votre mari ne refusera pas de venir au devant de vous.

MADELEINE. — (*surprise*) Mais si l'on ne me suivait pas ?

LE PÈRE CAVET. — Vous le diriez tout de même. Ce n'est pas un mensonge. L'intention seule fait le péché. Ce sera, au contraire, un acte méritoire, puisque vous ne le direz que pour habituer votre mari à prendre le chemin de l'église. Le temps fera le reste. S'il refusait ou s'il essayait de vous railler sur vos pratiques de dévotion. tenez-lui une juste rigueur et ne revenez pas qu'il n'ait imploré son pardon. Vous prendrez ainsi l'influence qu'il est nécessaire que vous ayez pour inculquer à cet esprit rebelle les vérités de notre sainte religion. Comprenez-moi à demi-mot. Si vous savez vous faire attendre, si vous êtes une récompense qu'il doive mériter, votre empire est assuré. Observez toujours cette retenue que l'église recommande aux femmes et vous conduirez votre mari. Le pli, une fois pris, ne s'efface plus. Vous aurez assuré votre bonheur terrestre et vous marcherez dans la voie qui mène à la félicité éternelle. Je ne vous recommande pas d'être discrète, ceci est secret comme la confession (*il s'en va*).

Scène VII

MADELEINE, CHARLES la rejoignant.

CHARLES. — C'est donc une confession générale que tu faisais au père Cavet ?

MADELEINE (*triste*). — Non.

CHARLES (*avec inquiétude*). — Qu'as-tu, sœur chérie? Tu es toute triste. Est-ce qu'il te parlait contre Edmond ?

MADELEINE. — Je ne dois pas te dire notre entretien. Je n'ai peut-être pas... tout compris, mais il m'a fait mal là !.. (*elle porte la main à son cœur; s'animant*) Oh non ! je n'aurai jamais de pensée cachée pour Edmond ! je ne serai jamais l'ennemie secrète de mon mari !

ACTE IV

Même salon qu'au second acte ; les domestiques achèvent d'épousseter.

Scène I

JOSÉPHINE et MARIE, domestiques.

JOSÉPHINE. — (*allant à la fenêtre*) La noce qui rentre ! Marie, venez donc voir. Mademoiselle est-elle belle dans sa toilette de mariée !

MARIE (*regardan par la fenêtre*). — Pour sûr, c'est une jolie mariée.

JOSÉPHINE. — Comment appelle-t-on l'endroit où les étrangers se marient ? Je ne peux pas le retenir.

MARIE. — Vous avez la tête bien dure, ma petite. Ça s'appelle le Consulat. C'est la mairie des gens qui sont hors de leur pays.

JOSÉPHINE. — Enfin les voilà mariés cette fois. J'avais peur que ça ne se fît pas. Ç'aurait été dommage, car ils s'aiment bien tous deux. M'est avis que si le père Cavet était resté, ça ne se serait pas si bien passé.

MARIE. — Vous êtes une sotte et vous vous mêlez de choses qui ne vous regardent pas. Le révérend père a si peu empêché le mariage qu'il revient exprès de Genève pour le bénir. Il doit être rendu à présent. Vous n'êtes au service de madame que depuis un mois, ça se voit; autrement vous parleriez du père Cavet avec plus de retenue.

Scène II

Les mêmes : MADELEINE, en costume de mariée.

JOSÉPHINE. — Oh ! mademoiselle, pardon, madame, que vous êtes jolie !

MADELEINE *souriant.* — Merci, Joséphine. Pour vous récompenser, je vais vous embrasser (*elle l'embrasse*). Venez, Marie, que je vous embrasse aussi. Je suis si heureuse ! (*Elle embrasse Marie*).

Scène III

Les mêmes : plus EDMOND qui entre

EDMOND (*souriant*). — Ne les donnez pas tous. J'en réclame ma part. (*Les domestiques sortent*).

MADELEINE (*souriant*). — Combien en voulez-vous?

EDMOND. — Des milliers et des milliers. Je ne serai jamais rassasié. (*Il ouvre les bras, Madeleine s'y jette*). Madeleine, je t'aime !

MADELEINE (*d'une voix suffoquée*). — Edmond ! moi aussi, je t'aime !

EDMOND (*après un silence*). — Mariés ! tu es ma femme !

MADELEINE. — Je suis heureuse d'être à toi.

Scène IV

MADELEINE, EDMOND, sa mère qui entre

Mme LAROCHE, mère. — Je vous dérange, mes chers enfants.

MADELEINE (*embrassant Mme Laroche*). — Oh ! madame, je suis maintenant votre fille. Je vous appellerai maman. Vous aurez deux enfants à aimer et moi deux mères à chérir.

Mme Laroché, mère. — Chère Madeleine, aimez-vous bien toujours.

Madeleine (*prend la main d'Edmond et l'amène près de sa mère*). — Oh! toujours! nous nous aimerons toujours, n'est-ce pas Edmond ?

Edmond. — Oui, toujours, ma Madeleine.

Scène V

Les mêmes : Mme ALGRAND, entrant

Mme Algrand (*avec un visage renfrogné*). — Comment, Edmond? On vient de me dire que vous n'êtes pas encore allé à confesse. Partez vite, M. le curé de Sainte-Anne vous attend à l'église. Mais partez donc!

Edmond. — Me confesser, madame, pourquoi faire?

Mme Algrand. — La belle demande! L'on se confesse avant de se marier. Le mariage est un sacrement et, pour être en état de le recevoir, il faut s'être confessé. Etes-vous ignorant, mon Dieu ! Vous êtes moins instruit qu'un enfant, et dire que j'avais oublié la confession! Comment croire aussi qu'un homme raisonnable ne sache pas encore ce qu'un enfant sait ? Vous ne possédez même pas les premières notions du catéchisme.

Edmond (*souriant*).—J'avoue mon ignorance en fait de catéchisme. Mais permettez-moi de vous dire que je n'aperçois pas bien ce que le catéchisme a à faire ici.

Mme Algrand. — C'est incroyable, mon Dieu! On a peine à en croire ses oreilles. Toi, Madeleine, ne devais-tu pas y penser et l'avertir ?

Madeleine.— Je n'y ai pas pensé, maman. Je suis

allée hier matin avec toi à confesse. Je n'aurais pas cru que ce fût une obligation rigoureuse.

Mme Algrand. — Ces propos sont hors de saison. Le temps presse. Prenez la voiture qui est dans la cour. Courez à Sainte-Anne. Nous vous attendrons pour aller recevoir la bénédiction nuptiale.

Edmond. Je ne me confesserai pas, madame.

Mme Algrand (*abasourdie*). — Vous ne vous confesserez pas !

Edmond. — Non, Madame.

Mme Algrand (*avec emportement*). — Et pourquoi ne vous confesserez-vous pas ?

Edmond. — Parce que je ne suis pas catholique.

Mme Algrand. — Vous l'avez promis. Sans cela. nous n'aurions jamais consenti au mariage.

Scène II.

Les mêmes, plus CHARLES, M. ALGRAND et le PÈRE CAVET qui entrent.

Edmond. — Pardon, madame. J'ignorais absolument que la bénédiction à l'église entraînât l'obligation de se confesser. Le sachant, je n'y aurais jamais souscrit.

Mme Algrand. — Malheureux que vous êtes, on ne peut pas être marié sans cela !

Edmond. — Nous sommes mariés, madame. Le mariage contracté devant l'officier public est le seul, le vrai mariage.

Le père Cavet. — Ah ! maintenant que vous êtes marié civilement, vous dédaignez l'Église. C'est la récompense de notre confiance en votre honneur. La parole donnée ne vous lie pas.

Edmond. — Mon honneur, monsieur, me regarde seul et il est entre de bonnes mains. Ne vous en préoccupez pas, je vous prie. Je parlais à madame.

Mme Algrand (*à Mme Laroche mère*). — Dans quels sentiments impies votre fils a été élevé, madame. Peut-on être ainsi privé de tout sens moral. (*A Edmond.*) Vous serez damné, malheureux! Vous ne savez donc pas que, hors de l'Église, il n'y a pas de salut et que l'Enfer sera le partage de ceux qui auront méprisé ses commandements. Rentrez en vous-même, que votre intérêt vous touche, ne vous perdez pas dans cette vie et dans l'autre.

Edmond. — Je vous l'ai dit, je ne suis pas catholique.

Mme Algrand (*s'emportant*). — Et vous croyez, monsieur, que vous aurez ma fille, si vous n'allez pas à l'Église ! Oh ! non ! Vous ne l'emmènerez pas, ce serait un rapt. Je la garde.

Edmond. — Je comprends votre émotion, madame. Laissez-moi cependant faire appel à la froide raison. J'ai promis de me marier à l'Église. Cette concession, qui me coûtait, je la devais aux sentiments religieux dans lesquels vous avez élevé Madeleine. Ma promesse, je suis prêt à la remplir. Faire plus, m'est impossible. Si vous m'eussiez alors dit que je serais tenu de faire acte réel de croyant, de m'agenouiller devant le prêtre, à qui je ne reconnais aucune juridiction sur moi, et d'implorer son pardon ; eh bien! si vous m'eussiez dit cela — Madeleine, pardonne-moi, ce que je vais dire est terrible — eh bien ! si grand que soit mon amour, et il est immensurable, je n'aurais pu aller jusque-là, c'eût été me déshonorer !

Mme Algrand. — Vous seriez déshonoré en allant à confesse! C'est trop fort!

Le père Cavet. — C'est le démon de l'orgueil qui parle en lui.

Edmond. — Vous, madame, qui croyez, vous pouvez vous confesser. Vous ne discutez pas les préceptes de votre religion, vous adorez. Il n'en est pas de même de moi. Je ne pourrais m'associer à vos actes de religion sans mentir à ma conscience qui les condamne et je ne veux pas mentir.

M. Algrand. — Vous vous exagérez ce qu'est la confession à l'occasion du mariage; c'est un acte de pure forme, pas autre chose.

Madeleine. — Ne pourrait-on pas dispenser Edmond de se confesser?

Mme Algrand. — Non, ma fille. La confession est obligatoire et il faut être bien impie pour se conduire ainsi. Ah! si j'avais pu prévoir!...

Le père Cavet. — Il est nécessaire, il est indispensable que M. Laroche fasse acte de soumission. Son étrange refus accuse un tel mépris pour les lois de l'Église, qu'il n'est pas possible de célébrer le mariage religieux avec de pareils sentiments. Songez au scandale qui va se produire. Votre gendre refusant de se marier à l'église, que dira-t-on de vous, si chrétiens pourtant, qui aurez donné votre fille à un ennemi déclaré du catholicisme!

Mme Algrand. — Eh bien! puisque rien n'y fait, toi, Madeleine, qu'il prétend tant aimer, prie-le à ton tour.

Madeleine. — Edmond, ce qu'on vous demande, ce qui... te coûte tant, fais-le pour moi.

EDMOND. — Pourquoi me demander, Madeleine, la seule chose que je doive te refuser. Je ferais tout au monde pour toi. Si, pour sauver ta vie, la racheter, il fallait m'étendre sur le passage d'un train et atten- qu'il m'ait broyé, je n'hésiterais pas et peut-être me serait-il doux de mourir à ta place. Tu me demandes plus. L'honneur est le seul sacrifice que je ne puisse te faire. Ne te laisse pas abattre, Madeleine. Nous sortirons de cette impasse, tu es ma femme.

Mme ALGRAND. — Vous vous conduisez ainsi parce que vous vous croyez mariés. (*Avec emportement*) Oh ! nous ferons casser le mariage ! Et vous ne toucherez pas à ma fille, entendez-le bien ! Vous êtes un étranger pour elle.

MADELEINE. — Maman !

EDMOND. — Vous êtes cruelle, madame, mais vous êtes sa mère, je ne répondrai pas. (*Au révérend.*) Ce sera à vous, monsieur, que je m'adresserai. Tout à l'heure, j'ai eu le tort d'être rude envers vous, je vous en demande pardon. Vous avez l'expérience de la vie, vous paraissez, de plus, avoir autorité sur le prêtre qui doit bénir notre mariage. Je vous parlerai sans détour. Je suis prêt à conduire ma femme à l'autel, afin d'y recevoir avec elle la bénédiction nuptiale. J'irai — non en cachette, mais publiquement — j'ai le courage de mes actes. Je ne puis faire davantage. Je ne me confesserai pas. Voulez-vous employer votre influence à décider le prêtre à passer outre ? Quel intérêt y a-t-il pour l'église à ce qu'un incrédule fasse le simulacre de se confesser ? Vous ne me ramènerez pas. Je suis un honnête homme, qui respecte les croyances sincères, mais qui n'admet pas qu'on puisse lui en imposer une. Vous parliez de scandale. S'il y avait scandale, est-ce moi qui l'aurais provoqué ? Un dernier mot : Vous n'ignorez pas que je suis marié légalement. Pesez, je vous prie, les conséquences de votre refus. Quant à moi, je passerai outre.

Mme Algrand. — Quelle horreur ! C'est indigne ! s'il y a une autorité, une justice, elle annulera le mariage !

Madeleine. — La concession qui vous est demandée par mon mari, mon révérend père, faites-la pour ma mère, pour mon père, pour moi qui vous en prie.

Le père Cavet. — L'Eglise a le devoir de soumettre les esprits rebelles. Elle ne fait jamais de concession. (*à Edmond*). Vous vous soumettrez en allant à confesse ou vous ne recevrez pas la bénédiction nuptiale.

Edmond. — Assez d'humiliation comme cela ! Je vous dis nettement à présent : je n'irai pas à l'église et je ne veux plus de votre bénédiction. Je m'étais humilié assez pourtant et vous n'êtes pas satisfait ! Ah ! vous voulez soumettre les esprits rebelles ! Et vous me taxez d'orgueil ! Mais c'est vous, catholiques, qui en êtes pétris d'orgueil ! La domination universelle, voilà votre rêve, le but auquel vous tendez. Vous prétendez régner en maîtres sur les consciences. Et cette arrogante prétention n'est pas d'hier. Il y a mille ans qu'un moine, devenu pape, Childebrand — vous l'avez appelé Grégoire-le-Grand, vous deviez bien ce titre à son orgueil — il y a mille ans que ce pape-moine osa, le premier, prétendre que la terre appartenait à la papauté ; que les papes avaient le droit de déposer les princes, de distribuer les royaumes et que clercs et laïques leur étaient soumis. Les rois en appelèrent à leur épée pour défendre leurs couronnes, mais les particuliers, sans autre force que leur conscience, brûlaient sur les bûchers qu'allumait partout l'incommensurable orgueil romain. Et vous, monsieur, qui avez eu l'autre jour, la hardiesse de dire : une foi, un roi ! Aviez-vous oublié — ce temps n'est pas si loin — l'époque sinistre où l'on arrachait aux mères leurs enfants, aux maris leurs femmes et où l'on mettait à prix la tête des ministres protestants ? C'était pour réaliser votre rêve qu'un despote vieilli avait signé la révocation de l'Edit de Nantes. Vous ne l'avez pas oublié, car vous glorifiez sans cesse ce Bourbon qui eut l'outrecuidance de dire : l'Etat, c'est moi, et que, de ce mari de la Maintenon, vous en avez fait Louis-le-Grand !

Le Père Cavet. — C'est le langage d'un jacobin et d'un communard. Vous quittez enfin le masque !

Edmond. — Je dédaigne vos injures.

Mme Algrand. — Il est inutile de prolonger un pareil entretien. Vous êtes un étranger pour nous, monsieur, et vous n'êtes rien à ma fille.

Madeleine. — Si, ma mère, je suis sa femme.

Le Père Cavet. — Je ne reconnais plus en vous, Madeleine, la fille chrétienne, soumise à ses parents.

Edmond. — Laisse dire, Madeleine, je répondrai pour toi. Tu as vu tout ce à quoi je consentais, et leur exigence que rien ne désarme. Tu sais à présent qui ils sont et quels sentiments les animent. Si je fais un mensonge en me confessant, ils se tiennent pour satisfaits. Le mensonge, l'imposerais-tu à ton mari? Qui ment une fois peut toujours mentir. (*Au révérend.*) Je n'ignore pas, monsieur, que vous avez parmi vous des théologiens fameux qui excusent le mensonge. Ils ont inventé les restrictions mentales qui permettent d'affirmer qu'on n'a pas fait une chose qu'on a faite, en sous-entendant qu'on ne l'a pas faite au moment où l'on parle ou avant d'être né.

MADELEINE. — Je savais aussi qu'on pouvait mentir sans péché et que le mensonge était même, dans certains cas, un acte méritoire. N'est-ce pas, mon père? Vous me l'avez dit.

LE PÈRE CAVET. — Madeleine, le mal a fait en vous des progrès effrayants.

Mme ALGRAND. — Comment peux-tu parler si irrévérencieusement à ton confesseur?

EDMOND. — Ah! déjà, Madeleine, on avait essayé de circonvenir ton esprit; déjà l'on cherchait à ruiner ta probité de jeune fille; déjà l'on voulait t'habituer au mensonge! Qu'aurait-ce été plus tard? Le confesseur aurait employé toutes ses ressources pour t'amener où il aurait voulu. Il eût effrayé ta conscience et t'eût ordonné, au nom de Dieu que tu offensais, de cesser d'être ma femme. Le combat à livrer entre ta croyance et ton cœur eût peut-être été au-dessus de tes forces. Nous étions perdus tous deux. Qui sait si ce qui arrive maintenant n'est pas un bien? Du moins, j'ai l'ennemi en face, je peux parer ses coups. Là, je suis avec toi pour te soutenir, et, si tu résistes aujourd'hui, tu es sauvée.

Mme ALGRAND. — Puisqu'il convient à monsieur de rester ici malgré nous, cédons-lui la place. Allons-nous-en. Viens, Madeleine.

(*Madeleine ne bouge pas, M. Algrand s'approche de sa femme et lui parle bas; tous restent.*)

Edmond.—Prenez patience, Madame. J'ai fini. Madeleine, l'heure est décisive, il s'agit de choisir. Il faut vaincre ou être vaincu. Nous sommes dans deux camps ennemis, allons-nous nous frapper l'un l'autre? Le catholicisme traite en rebelles tous ceux qu'il n'asservit pas. Qui n'est pas avec lui est contre lui. Pendant dix siècles, il a torturé, brûlé, écartelé ceux qui ne voulaient pas le reconnaitre. S'il ne le fait plus, c'est uniquement parcequ'il en a perdu la puissance. Il y a quinze ans, un pape infaillible déclarait anathème quiconque soutenait que l'Eglise n'avait pas le pouvoir d'imposer sa doctrine par la force. Le jour où ils seraient assez forts, ils brûleraient de nouveau, car leur doctrine - - ils s'en vantent — est immuable et leur chef infaillible. Madeleine, le christianisme à son berceau a été merveilleux. Ses premiers pas ont tenu de l'enchantement. C'était l'ère de la fraternité humaine, le culte de la grandeur morale. Ce temps-là n'a guère duré. En s'étendant, le christianisme a dévoyé. Il a voulu prendre la place des Césars et il a réussi; il est devenu plus puissant que ne l'avait jamais été l'ancienne Rome. Aujourd'hui il reste à peine quelque chose du christianisme. L'Église en a répudié jusqu'au nom, elle s'appelle catholique et romaine. Quant à moi, je ne suis d'aucune religion. J'étoufferais dans toutes. Je cherche le vrai. Où est-il? Je ne sais pas. Une chose me paraît certaine pourtant : le devoir qu'a l'homme de se rendre utile à ses semblables. J'estime encore que celui qui pardonne est meilleur que celui qui se venge. Encore un mot, Madeleine. Il y a une religion — le protestantisme — qui, sans être le christianisme primitif, s'en rapproche. Des âmes religieuses qui croyaient aussi à la liberté que l'église catholique condamne, ont parfois embrassé le protestantisme, afin de prier dans un lieu consacré au culte. Non que je te convie à te faire protestante, un changement de religion a besoin d'être mûri. Mais, dans la situation où nous sommes, si tu ne croyais pas pouvoir te passer de la bénédiction nuptiale, je te dirais : le ministre protestant est plus près du christianisme que le prêtre catholique, il a qualité pour bénir notre union : Viens au temple !

MADELEINE (*avec effroi*). — Au temple ! Edmond ?

Mme ALGRAND (*avec emportement*). — Maudit soit le jour où cet homme est entré dans notre maison !

MADELEINE (*suffoquant*). — Ma mère ! tu as maudit le jour où il m'a arrachée à la mort ! (*Elle sanglote*).— Je n'ai plus de mère.

M. ALGRAND (*prenant sa fille dans ses bras*).—Pardonne-lui, elle ne sait pas ce qu'elle dit.

EDMOND. — Au nom de notre avenir à tous deux, Madeleine, viens au temple.

MADELEINE (*s'arrachant des bras de son père*).— Je suis prête. Je te suivrai où tu voudras.

Mme ALGRAND (*se plaçant devant sa fille*). — Toi, au temple protestant ! Tu me passeras sur le corps plutôt !

MADELEINE (*se détourne*). — Que veux-tu donc que je fasse ma mère ? Je suis sa femme et je l'aime.

Mme ALGRAND. — Malheureuse ! tu seras damnée !

MADELEINE. — Si Edmond est damné, qu'est-ce que ça me fait de l'être ? (*La toile tombe.*)

FIN

Paris. — Impr. Ph. Hérault et Cie, rue Lafayette, 194

www.ingramcontent.com/pod-product-compliance
Lightning Source LLC
LaVergne TN
LVHW012001160826
845678LV00002B/657

* 9 7 8 2 3 2 9 6 7 7 0 0 2 *